Mamá

Sí estoy traumada

Una novela de la vida

Carolina Botero Correa

Mamá

Sí estoy traumada

Una novela de la vida

POEMIA
su casa editorial

Mamá, sí estoy traumada, una novela de la vida

ISBN: 978-958-48-9997-2

E-mail: @carolinaboterocorrea@gmail.com

Asesoría editorial
Lizardo Carvajal
E-mail: lizardo@lizardo-carvajal.com
www.lizardo-carvajal.com
Móvil: 3168308708

Edición e Impresión
Poemia, su casa editorial, Carrera 24D Oeste N.° 4-108
Teléfono: (2)3719822, Cali, Colombia.
www.poemiaeditorial.com

Impreso en Colombia
Printed in Colombia

1

Estoy sentada en el asiento A24, en un Boeing siete-tres-siete, vuelo 224. Viajamos por la región de Ohio, palabra iroquesa que nos hace pensar en "el gran río", el "río largo". Llegaremos a Columbus, su capital.

Voy junto a mi pareja actual, Esteban, y nuestra bella hija Estela. Pasaremos una semana donde mi suegra y su prometido.

Este viaje lo decidimos de repente y aquí vamos, aquí voy pensando para mí.

*

Ahora, el vuelo 224 que nos lleva a Ohio entra en una turbulencia. Tengo esa sensación de agitación y zarandeo que me hace pensar en la muerte, sí en la muerte, en esa posibilidad de dejarlo todo, de dejar, incluso, el dolor.

Siento miedo, incertidumbre, de no alcanzar a llegar a ese territorio de industrias, de finanzas, minería y carbón de este país que se autonombra los Estados Unidos. Siento miedo y recelo de no poder llegar a Ohio, donde nacieron los hermanos Wright por quienes gracias a ellos, ahora, vuelo en este avión, el Boeing siete-tres-siete, vuelo 224.

También siento miedo y temblor del silencio. De no poder contar mi historia, mis situaciones de acoso sexual siendo una niña, también siendo una adolescente y luego, casi una mujer.

Llevo muchos años queriendo contar a alquien esta historia que llevo dentro. Esa parte de mi vida que me desgarra pero que, al tiempo, si la entrego, me libera. Me ha faltado decisión para hacerlo.

Así que, en medio de la turbulencia y del miedo, tomo la decisión de empezar a contar esta historia, que tú irás grabando, mientras la turbulencia me agita, mientras la turbulencia pasa.

Ahora sé que tú, también, compañera de viaje, podrás contar y escribir esta historia que está metida en mi vida y en la de muchos niños y niñas que están traumados.

2

Las turbulencias empeoraron. Mi hija me tomó de la mano, me miraba con angustia. Las azafatas, corrieron hacia atrás a sentarse y nos pidieron mantener los cinturones abrochados. Sentí cuando el avión cayó en un vacío. Sin embargo, yo pensaba, seguía pensando, seguía componiendo, esta historia.

*

Todos tenemos una historia o muchas historias en nuestra vida, realmente, somos hechos de historias. Algunos deciden callarlas y guardarlas con ellos, para siempre. Otros, después de vencer los miedos o estar viviéndolos, decidimos contarlas, compartirlas y, muchas veces, nos convertimos en las voces de quienes deciden guardarlas.

*

Durante muchos años me cohibí de contar y que alguien escribiera, ésta, mi historia. Pensaba que podría lastimar a muchas personas. Que al contar las experiencias, que de niña había vivido, estaría hablando de secretos que, por el bien de mi familia y de las generaciones, sería mejor callar.

*

Alguien, hace poco tiempo, me dijo: "La verdad no lastima, la verdad solo molesta, ella siempre viene con luz". Esto me conmovió. Así que aquí viene mi verdad: Mamá, sí estoy traumada.

Mamá, sí estoy traumada, una novela de la vida   7

3

Intenta no comparar mi historia o tu historia con la de otros. Sé prudente con tu dolor, con el de los demás. Es claro que al final nadie lo siente más que uno mismo.

He decidido compartir estos episodios de mi vida. En general son crueles. Sin embargo, no toda mi infancia fue abuso. Tuve momentos de alegría y de felicidad, personas que me brindaban amor.

En lo que te contaré, no solamente hallarás lo traumático. Compartiré, también, mis recursos que me sirvieron para sobrevivir.

Deseo, que lo que escribas y seguramente publiques, sea pensado como algo que ha salido de la turbulencia, y sane tanto como me podrá curar a mí, contarlo.

4

En mi asiento A24, en un Boeing siete-tres-siete, vuelo 224, debo permanecer dos horas y nueve minutos, viajando por el aire, las nubes y el tiempo. Los 1.235 kilómetros de viaje, acá los cuentan en millas, 768, constituyen un viaje que le permite a la memoria, refrescar sus recuerdos.

*

Mentiría si te dijera que recuerdo perfectamente mis primeros tres o cuatro años. Tengo memorias, evocaciones, remembranzas muy borrosas antes de los cinco años de mi vida.

Sin embargo, de mis cinco a mis nueve años recuerdo claramente muchos episodios, sucesos, incidentes por los que atravesé.

*

Quisiera empezar a contarte mi historia con un comienzo tierno y amoroso. No fue así, no lo recuerdo así.

Mi memoria se quedó con las primeras fotografías o imágenes donde mi cuerpo, de solo cinco años, quedó al desnudo frente a un hombre de más de cincuenta.

Esa fue mi primera experiencia de acoso sexual.

*

Me hallaba sentada frente a un televisor, donde aparecían incesantes escenas de pornografía. Mientras tanto, este hombre, impasible, consumía licor.

Luego, insensible, me llevaba a la cama, donde abusaba sexualmente de mí.

*

Yo no entendía lo que él me hacía, era una niña. No tenía capacidad para reaccionar. Estaba como atrapada. Mi corta conciencia solo acataba, tenía que obedecer.

Se me enseñó, desde tierna edad, que los adultos son seres muy importantes a los que muchas veces hay que rendirles pleitesía, especialmente si eran hombres.

*

Y este hombre, inmenso para mí, era el padre de mis hermanas.

Era esa la casa y la persona con quien mi mamá me dejaba.

*

Ahora, el vuelo 224, el asiento A24, el Boeing siete-tres-siete, ha logrado estabilizarse, volar con sus alas más calmas, más tranquilas.

No obstante, mis recuerdos y yo se agitan, se sacuden y se encrespan como el encuentro cósmico de nubarrones y celajes inconmensurable.

5

Salgo de mis propios nubarrones y con mis recuerdos llegó a mi nacimiento. Mi mamá, me contaron, me dio a luz en febrero, en un año tormentoso, en la década de los setenta.

Dije me dio a luz y eso suena a alumbramiento, al momento en que los padres pueden ver el rostro de sus hijos y estos pueden iniciar el largo camino para regocijarse con las imágenes que dibuja el cielo y la tierra en su encuentro. Dar a luz es una bonita expresión para darle nombre al parto, al nacimiento.

Mi padre murió a los dos años de yo haber nacido, quedé sola con ella, con la que, de aquí en adelante, llamaré simplemente, mamá.

Ella, mamá ya tenía dos hijas antes de yo nacer, Alina, la mayor y Alicia. Ellas eran hijas de su matrimonio con Alonso, su primer esposo, luego fue que conoció a mi padre.

Un tiempo después de que mi padre hubiese fallecido, ella, mi mamá se casó con Gerardo, que se convirtió en mi padrastro. Siendo aún una niña, le llamaba papá, aunque sabía que no lo era.

Mamá había organizado un viaje con su esposo Gerardo a otra ciudad. Yo me quedaría en casa de Alonso, durante varias semanas.

Fue justo en ese momento cuando le dije que no quería quedarme más, allá. Ella me preguntó, por qué no quería quedarme.

6

No sé cuántas millas, cuántos kilómetros hemos volado, en el Boeing siete-tres-siete, que por las nubes y el cielo de Ohio, nos lleva a mi pareja, a mi hija y a mí, a Columbus, ciudad cuyo nombre recuerda el de Cristóbal Colón o Columbus, como le decían en su tierra y en su tiempo.

La mirada fija, pero amable, de la azafata ofreciéndonos alguna comida rápida, me permite saber que hemos pasado las fronteras de la turbulencia, que la calma del cielo nos permite volar suave, también como los recuerdos buenos.

*

Yo sigo, sin embargo, con mi propia turbulencia.

Recuerdo el día que, por primera vez, vi un comercial de Bienestar Familiar, en Colombia, donde decían que si alguien te tocaba tus partes íntimas, que se lo contaras, inmediatamente, a un adulto.

Después de haber visto esa propaganda, había guardado silencio. No tenía la confianza suficiente para contarle a mamá, lo que me estaba sucediendo.

*

Decidí contarles, a mamá y a Gerardo. Recuerdo muy bien sus caras. Gerardo (al que yo llamaba papá) enfureció tanto que comenzó a gritar y a decir que lo iba a matar, mamá tenía cara de sorprendida. No me dijo nada.

     Carolina Botero Correa

7

LA PALABRA CUERPO LA HE TENIDO PRESENTE por muchos años. En el colegio uno estudia los cuerpos geométricos, los cuerpos celestes, también, el cuerpo humano. Supe de una novela que se llamó *El cuerpo del deseo*.

Pensar en mi cuerpo, es algo que he debido hacer, porque él forma parte de este relato. Después de ese evento recuerdo haber pasado varias horas, durante la semana, visitando doctores que me examinaban cada parte de mi cuerpo, muy minuciosamente.

Luego, debía ir a declarar y contar repetidamente lo que me había sucedido en mi cuerpo. Explicar que ese señor me hacía sexo oral y que me tocaba con sus manos y me miraba de una forma tan intensa que daba miedo.

*

Fue un largo proceso en el que los médicos y los funcionarios de Bienestar Familiar me hablaban con dulzura y me repetían, una y otra vez, que eso no era mi culpa, que el abusador era el culpable.

A pesar de sus palabras, yo no podía dejar de sentir vergüenza, sobre todo, al ver a mis hermanas, también, declarando.

Yo no estaba clara de lo que estaba sucediendo. Así que, por alguna razón, entró en mí un sentimiento de culpa que me acompañaría por muchos, muchos, años en mi vida.

Legalmente no sé qué pasó con él, pero sí sé que no pasó mucho. Volví a verlo, como si nada, en reuniones familiares, en fiestas de Navidad. Me lo seguía encontrando.

Para mi familia era como si lo que yo había vivido, nunca hubiera sucedido y él me hablaba como si nada hubiera pasado y yo sintiéndome pequeña, muy pequeña, comencé a tener pesadillas de las que me despertaba gritando y llorando.

Soñaba que un niño, mucho mayor que yo, me besaba. Me tocaba, y yo no quería.

Cuando despertaba corría hacia donde mamá, buscando un poco de calor, de cariño y por qué no, también, un abrazo que me hiciera sentir que todo estaría bien.

Estaba lejos de la realidad. Sus palabras eran frías y dolorosas. Me decía que debía dejar esos traumas estúpidos, que me fuera a dormir.

*

Ella, en el fondo, no creía lo que yo había vivido. Me decía que yo era muy mentirosa y cada vez que tenía oportunidad me lanzaba frases que escucharía repetidamente por muchos años más. Eres mentirosa, igual que tu padre –me decía.

Cambia Corina o vas a terminar como tu padre –continuaba insistente.

Escuchar de ella lo mal hombre que mi padre había sido, era como escuchar una canción rayada.

8

Sigo sentada en el asiento A24, en un Boeing siete-tres-siete, vuelo 224, que ya sobrevuela Ohio. Nos habían dicho que la mejor época para viajar a alguna ciudad de este Estado era mayo. Que el clima es agradable y que apenas hay poca precipitación.

Pero esto, parece, no obvia para que haya turbulencias como la que hemos pasado. Así que en la calma puede también existir el desasosiego.

*

Como ya lo saben, era muy pequeña cuando murió mi papá, así que lo único que me quedaba era lo que mamá me contaba de él. Sus historias venían cargadas de odio, resentimiento y dolor.

Como una pequeña computadora, fui quedándome y archivando todo ese veneno que mamá me transmitía sobre papá.

Eran muchas las historias que contaba sobre él. Recuerdo tres en especial, que repetía más que las demás.

La primera fue la historia de cómo él había obligado a una exnovia a abortar en una panadería. La segunda era que él me usaba de bebé para robar cosas de las tiendas y traficar conmigo drogas.

La tercera, y esta la escuché por muchísimos años después, es que ella no era mi mamá.

Me decía que el amor de la vida de mi padre había sido una mujer que intercambiaba su cuerpo por dinero, y que ella me había tenido y me había entregado a mi papá porque no quería hacerse cargo de mí y pues, ella, al ser la novia de él se había hecho cargo de mí.

*

Te cuento estas historias porque quiero que veas lo lejos que llega el dolor de las heridas no sanadas. Cómo transferimos miedos, abusos, dolor y es porque vamos por la vida rotos incompletos y vamos lastimando a nuestros seres más queridos.

Es verdad que cada uno de nosotros tiene un proceso individual personal. Muchas veces nuestro dolor es tan fuerte que entramos en modo sobrevivencia y quiero decirte que si estás sintiéndote así, está bien, te envío un abrazo muy fuerte, sé que lo necesitas, pero hoy tienes la oportunidad de vivir.

9

He dicho que somos muchas historias, muchos acontecimientos. Eso es la vida.

Lo que también pienso ahora es que estos acontecimientos buscan ubicarse en escondrijos, en escondites. Que nuestras vidas tienen rincones donde se acomodan nuestros recuerdos.

Algunos son verdaderos escondites. Especies de madrigueras o chiribitiles.

Todos tenemos secretos.

Guardar secretos que nos duelen, no hablar de lo que nos avergüenza, no expresar lo que nos hicieron, lo que hicimos, no nos permite vivir bien.

Al contrario, vamos enterrándonos lentamente con fobias, creencias, temores. Caminamos por la vida con terror y enterramos la cabeza.

Aún más, enterramos a las personas que menos culpa tienen: hijos, nietos, bisnietos y siguientes generaciones.

Hubo un tiempo en el que estaba tan herida, que pensaba que no era justo que el daño, me lo ocasionara alguien más y yo fuera quien tuviese que buscar cómo sanar. No es justo, repetía y repetía. Me parecía una injusticia.

Cada experiencia que viví, hoy en día, la veo como una enseñanza. Mi intención no es que veas a mi madre o a los que abusaron de mí, como villanos.

No te aceleres en etiquetar qué está bien y qué está mal. Somos espejos unos de otros.

Eso que juzgas en él y que tanto coraje despierta en ti, es un síntoma de una herida no sanada y está solamente en ti, nada más que en ti.

Romper estas cadenas, estos patrones y permitirte saborear la miel de la felicidad es lo que sigue.

Creciendo fui entendiendo que mi padre, aunque ya había muerto, había sido alguien muy malo ya que las palabras y los ojos de mamá, estaban llenos de odio por él.

*

Yo vivía con mamá y su esposo Gerardo. Recuerdo ver cómo la trataba, la insultaba, la agredía.

Una vez la estaba ahorcando y yo llegué gritando a decirle:

—¡Papá suelta a mi mamá!

Ella me decía:

—¡Corina traiga un cuchillo!

Vaya, recuerdo que no sabía qué hacer.

Tenía mucho miedo, pero los gritos de ellos me hicieron ir hasta la cocina a buscar el arma, pero llorando, no quería entregárselo.

Le decía:

—¡No mamá, no mamá!

Aunque dentro de mí sabía las consecuencias de desobedecerla.

10

El Boeing siete-tres-siete, vuelo 224, a través de su ventanilla me permite ver el paisaje, la campiña, el horizonte de colores variados. Son verdaderas acuarelas dibujadas en la tierra y en el cielo. Volamos sobre campiñas que son un espectáculo. Es como una mudanza, como cambiar de vivienda, uno encuentra muchos colores, muchos nuevos paisajes, pero sin conocerlos, sin saber realmente, qué son.

*

Me quedaba en varias casas y ellos se mudaban con mucha frecuencia. Viví un tiempo en la casa que mi papá nos había dejado. Vivíamos los tres y, de vez en cuando, mis hermanas nos visitaban. Ellas eran mayores que yo, sería esa la razón por la que me encantaba perseguirlas y hacer todo lo que ellas hacían.

Alina, la mayor, me cuidaba. Me enseñaba a cepillarme. Era tan noble, me encantaba estar junto a ella, me sentía segura y feliz. Alicia era un poco diferente pero, también, me quería. Las tres nos queríamos, a pesar de que nadie nos enseñaba a cuidarnos y a amarnos, lo hacíamos muy bien quizás por naturaleza. Me comportaba como una niña muy alegre. A veces muy inquieta. Notaba que cuando me comportaba mal, me hacía notar. Mamá, entonces, tenía algo que decir de mí. Cuando la visitaban, decía:

–¡Sí, ella es piquiña!

Y yo no entendía lo que era eso pero, como sea, ella me estaba mirando y me mencionaba.

Tuve varias aventuras con mis hermanas, muy felices, en esa casa. Después nacieron mis hermanos Lucas y Gamaliel.

Emigrar, ir en busca de nuevos paisajes, de nueva vida es una constante de los hombres. Se viaja con el sueño y vamos de un país a otro. Nos mudamos a Estados Unidos. Supongo que, como muchos, persiguiendo el "sueño americano".

Recuerdo que algo sucedió con las personas que nos recogían. Estábamos en la calle, pero nos recogieron, imagino que eran amigos de "papá" ya que él ya había vivido en Estados Unidos, años antes que nosotros.

Nos quedamos en una casa con una familia. Sucedieron muchas cosas en ese año. Pasábamos muchas dificultades. Mamá trabajaba en una compañía llamada Labor Ready, donde debía estar desde las 4:00 a.m., para tomar turno para que le dieran trabajo y yo me quedaba en el carro durmiendo, luego ella me llevaba a la escuela. Al principio estuvimos por un buen tiempo sin carro, nos montábamos en varios buses para ir de un lugar a otro y recuerdo que varias veces, caía la noche y seguíamos montadas en los buses. Mamá nos llevaba a agencias a recoger comida que donaban y también buscábamos ropa en cajas de donación. Recuerdo que mamá y mi padrastro discutían de más. Nunca nos faltó comida. Mamá conseguía varios trabajos y Gerardo, también. Así que yo estudiaba y cuidaba a mis hermanos.

Después de un tiempo nos mudamos a otro apartamento. Lo compartíamos con otros inquilinos.

11

Una de esas noches, en que mamá trabajaba, "papá" estuvo tomando con unos compañeros de trabajo.

Luego acostó a los niños pequeños en su cama y se metió a bañar.

Pero, sorpresa, no tardó mucho para meterse en mi cama, en el mismo cuarto donde descansaban mis hermanos pequeños.

Me quitó mi ropa interior y comenzó a tocarme con sus partes, mis piernas y seguía subiendo.

Fue horrible y volví a sentir vergüenza, mucha vergüenza.

Recordé las oraciones que mi abuela Mercedes me había enseñado, el Ángel de la Guarda y solo dije en vos alta:

–¿Papá que haces?

Él estaba ebrio y cuando le dije papá, inmediatamente se bajó de encima mío, quizás sintió vergüenza, no lo sé.

Lo que sí sé es que en ese momento todo cambio entre él y yo.

No quise contarle nada a mamá, porque le tenía miedo. Además, que todo lo que era con él terminaba perdiendo.

Así que callé de nuevo.

Me acompañan un par de memorias más.

Después de esa ocasión, cuando él nos llevaba a mis dos hermanos pequeños y a mí a la piscina insistía en que me dejara secar y vestir, a pesar de que ya estaba mayorcita, tendría ocho o nueve años. Su intención era tocarme, manosearme y yo, nuevamente, avergonzada no podía ni mirarlo a la cara.

Días después la señora que, de vez en cuando, nos cuidaba, comenzó a hacerme preguntas: que si mi papá me trataba bien; que si no me tocaba.

Yo sentí confianza. Recosté en ella mis silencios, le conté todo. Inmediatamente, ella le contó a mi mamá.

Recuerdo, entonces, que mamá se puso muy molesta conmigo. Incluso me dijo que si yo estaba intentando dañarle su matrimonio; que yo, qué había hecho para provocar eso.

Yo estaba confundida. Honestamente es que no entendía por qué decir la verdad de lo que me ocurría causaba en mamá, tanto sufrimiento.

Ella me decía:

–¡Eres una mentirosa!

Me gritaba a los cuatro vientos que todo me lo inventaba, que mentía, que siempre mentía. Siempre estaba decepcionada de mí, sin yo entenderlo.

Él negó todo. Dijo que yo mentía, que eso nunca había sucedido.

Sentía la necesidad de hablar con ella, de explicarle. Pero, para ella solo eran traumas estúpidos que no tenían validez alguna. Así que aprendí a reprimir, a sonreír, una vez más.

12

Los viajes tienen ida y también tienen regreso. El vuelo 224 ya se aproxima a Columbus. El piloto, con una voz ceremoniosa nos lo anuncia. Pronto aterrizaremos. Como dije, estaremos dos semanas, luego viene el regreso.

También recuerdo cuando nos regresamos a Colombia. A este país, que queda en la punta superior de Suramérica, de donde habíamos partido, ahora regresamos, mamá, mis dos hermanos pequeños y yo.

*

Le llaman Valle del Cauca, es alargado, tiene más de 200 kilómetros sembrados en caña, propiedad de cinco o seis ingenios, como le dicen a esas fábricas de azúcar. Las cordilleras que lo forman, la Central y la Occidental, son como un abrazo amplio de dos gigantes andinos. El río Cauca lo atraviesa lento, pero con mucha fuerza.

Así recuerdo nuestra llegada al Aeropuerto de Cali, esa tarde que marcaba nuestro regreso.

El destino era Jamundí. Una pequeña ciudad del Valle del Cauca, en Colombia.

A pesar de tener nombre indígena, que recuerda los pobladores originarios, se dice que fue fundada por los españoles, en 1536, Juan de Ampudia y Pedro de Añazco, bajo las órdenes de Sebastián de Belalcázar, fundador de muchas ciudades de esta región.

Muchos negros, descendientes de esclavos lo pueblan y tienen ahí residenciadas sus costumbres. Ese territorio fue tránsito y comercio de esclavos. A su alrededor funcionaron muchas haciendas de producción esclavista.

Hoy es una población fiestera, llena de secretos, como todas las ciudades y todos los hombres.

Llegamos a vivir cerca de mi tía Lola.

Recuerdo que, a cualquier lugar que entraba, sentía miedo, temor de que me volviera a ocurrir, lo que me había sucedido.

No sabía cómo evitarlo. Era como si en mi frente, hubiera un letrero que dijera: tócame, abusa de mí.

Mi tía tenía unos vecinos muy amigos de ella. Entre ellos un muchacho joven y otro niño de mi edad, diez años.

Conformamos un grupito y jugábamos en la cuadra. A todos les gustaba ir mucho a la casa de Daniel.

Un día estaba en la sala, esperando que mi amiguito terminara de arreglarse para salir a jugar y sentada en un sillón frente al televisor, Daniel comenzó a tocarme las piernas y yo no movía un solo dedo, sonreía con una risa nerviosa.

El corazón me palpitaba, no sabía qué hacer. Solo pensaba ¿por qué, otra vez? ¿Cómo lo estoy provocando? ¿Acaso son mis shorts cortos?

Me fui y nunca más volví a entrar a esa casa. Jamás dije nada, hasta ahora, quién le creería a una niña mentirosa y problemática.

13

MAMÁ ME ENVIÓ A VIVIR UN TIEMPO donde mi abuela paterna. Ahí sí que era una niña problema. Era rebelde, mentía para llamar la atención, me hacía la enferma, faltaba a estudiar.

Mamá me había dejado allá sin más ni más. Ella me dejaba con mi tía Lola, o con Marina o con Alonso.

Para ella, yo, era como un problema que no sabía de qué manera deshacerse, finalmente.

La familia de mi papá me decía que ella estaba trabajando. Que ella me quería, pero que tenía que trabajar y que esa era la razón de su ausencia.

*

Me llamaba muy de vez en cuando. Algunas veces, recuerdo sentarme junto al teléfono esperando que sonara y que fuera ella, pero no era así.

Mis tíos y mi abuela se esforzaban para que yo fuera una niña normal. Que me comportara a la altura, pero no era así.

Mi abuela me ofrecía mucho amor y cariño. Yo me sentía extraña. Me gustaba pero, siempre, estaba a la espera de que algo malo me ocurriera.

Yo no lograba entender qué había hecho mal, para que mamá me dejara. Mi herida más grande era que no sabía cómo conquistar el amor de mamá. Siempre buscaba su aprobación y quería que me tratara con amor y cariño.

Durante el tiempo en que estuve allá, tuve un tío que me ayudaba con tareas, que me apoyaba, que se esforzaba para que yo saliera adelante.

Mi mente no era como la de una niña de once años. Muchas veces me hice la enferma, incluso, me hice la que me dolía el estómago y tanto fue así que me sacaron la apéndice, estando en perfectas condiciones y siempre preguntaba:

–¿Mamá me llamó?

–¿Viene a visitarme?

Y no era así.

Yo había escuchado a mi abuela y tíos hablando de que mamá ya había llegado de Estados Unidos y que no había sido capaz de ir a verme, ni siquiera llamar.

Fue, entonces, cuando mentí diciendo que me había tomado un frasco de medicina para morirme. Inmediatamente me llevaron al hospital donde, finalmente, mamá apareció.

Estaba ahí, con su nueva pareja, Marino.

En el hospital me comenzó a ver una psicóloga. Yo era una niña, cargando con mucho dolor en un mundo de adultos, donde intentaba buscar el amor de mamá.

14

Estas son mis verdades, lamento mucho si hoy en día mis palabras te causan dolor, culpa o alguna inquietud, yo intentaba sobrevivir con lo que había aprendido, arrastrando una maleta muy pesada.

Viví dos abusos sexuales más, igual, por parte de familiares. De ellos, por ahora, no hablaré.

En varias ocasiones, mi vida tuvo momentos de dolor, donde todo era oscuro. En rincones de colores, mi niñez se entretenía pensando en el futuro que aún no venía, mientras la realidad me tocaba donde no debía.

*

Poco a poco voy sanando mientras voy recordando.

Días después tenía que volver a la terapia. Pero mamá ya no me llevaba. Me repetía que los psicólogos eran para locos, que yo no estaba loca.

*

Marino, su pareja nueva, fue un hombre que quise muchísimo. Me miraba distinto a otros hombres, incluso, cuando tenía que usar el baño porque estaba estreñida, él entraba conmigo y me decía pégale a tus rodillas y será más fácil.

Me sentía querida por él y cuanto más cariño me daba, mamá estaba lista para contarle sin ningún reparo todos los problemas que le había ocasionado a ella.

Él me ayudaba a hacer mis tareas de la escuela, hasta me regaló un perro, Matías, mi compañerito, el que un día llegué de estudiar y mamá lo había regalado.

Recuerdo haber salido desesperada a buscarlo. Ella me decía que se había ido. Yo lo buscaba por las calles, no entendía por qué se había ido de mí, si yo lo amaba tanto.

Marino me dijo la verdad, mamá había regalado a Matías. Me abrazaba, me consolaba, me daba cariño, sentía que lo necesitaba y mamá le decía que no me abrazara tanto, que yo luego salía diciendo cosas que no eran.

Él comenzó a tomar distancia.

15

Me esforzaba para que mamá no me dejara más. Pero por más que me esforzaba me hacía comentarios dolorosos y tristes.

Un día, mi mamá, me dijo que viajaríamos a Estados Unidos, con mis dos hermanos pequeños. Me puse feliz, pero de repente me dijo: la tía Lola va para el Caquetá, vaya con ella unos días, que yo la espero para que nos vayamos para Estados Unidos.

Así fue, viajé con mi tía Lola para los quince de mi prima Soledad. Lo que no sabía es que me quedaría allá mucho más que unos días, según mamá porque había perdido mi pasaporte.

Llegué a una nueva casa. Nuevas reglas, una vez más un paquete del que intentan deshacerse. Mi tía Socorro (hermana de mamá) era una mujer estricta, pero en la que me refugié una vez llorando en sus piernas donde le conté todo lo que había callado y llorando junto a ella nunca olvidaré sus palabras:

Mamita nada de eso que le pasó fue culpa suya, ellos son unos hombres cochinos, usted nunca se deje tocar y si alguienlo hace, sea quien sea, así sean mis hijos, mi esposo, usted me cuenta.

Por primera vez me creía lo que escuchaba, eso que me atormentaba tanto, no había sido culpa mía. ¡Cómo quiero a esa mujer!

Cerca de ella vivía mi abuela materna, la abuela y mi abuelo, que me sentaban en sus piernas.

Me querían y de verdad, mi tío Rodrigo, que me trató como si fuera una hija, una de sus hijas. El abuso sexual es tan, pero tan común, que los niños, jóvenes y adultos se confunden, pensando que es común, es normal. La realidad es que no es así.

Mi tía era madre sustituta, así que siempre teníamos niños en la casa, además de otras sobrinas que aparte de mí, también, cuidaba mi tía. Éramos bastantes y no teníamos lujos, pero nunca nos faltó un plato de comida.

Mi tía hacía charlas para mujeres que habían vivido algún tipo de violencia y las empoderaba, les decía que no se dejaran pegar, que ellas podían salir solas adelante. Siempre ayudando, la admiraba mucho, aún la admiro.

Una vez el vecino de enfrente, un hombre de unos 60, años me lo encontré de camino para la iglesia, donde me estaba preparando para mi primera comunión. Se me acercó, me pasó un billete de mil pesos y me dijo:

—Tome es para usted.

Mi tía me había dicho que no podía recibir nada de nadie, así que le dije que no, que gracias y él con cara de enojado me dijo:

—Tómelo, agárrelo.

Temerosa lo recibí y fue cuando me dijo:

—Y le doy más, para que se deje dar una sobadita.

Y ahí estaba nuevamente esa mirada lasciva, libidinosa que me desnudaba, sin quitarme la ropa,

     Carolina Botero Correa

que me hacía sentir esa vergüenza, que me hacía sentir tan pequeña, como una hormiga.

Valientemente le dije:

—No quiero, tome su billete.

Me dijo a gritos:

—Agárrelo— y se fue.

Me fui para mi clase y de regreso a casa me compré una cocada (un dulce de panela con coco, me encantaban) y cuando llegué mi tía, que se las olía todas, me preguntó:

—¿De dónde sacaste el dinero para comprar eso?

Mentí, dije que me lo había encontrado en el piso.

Pensé decirle la verdad, pero es que sentía tanta vergüenza y no pensaba darle problemas. Pasaron como dos días y cada vez que salía, el hombre me seguía en su bicicleta. Así que yo me devolvía para la casa. Me acerqué, entonces, a mi tía y le dije:

—Tía ¿te acuerdas que tú me preguntaste que yo de dónde había sacado dinero para la cocada? Pues lo que pasó, en verdad, es que don Reinoso me lo dio y me dijo que si quería más, que me dejara dar una sobadita. Recuerdo que mi tía dijo:

—¿Ah sí? —y fue y agarró dinero, fue al frente y solo escuché un grito:

—¿Por qué no le va a dar sobaditas a su madre, viejo verde?

Don Reinoso tenía hijos, nietas y esposa.

Yo no podía creerlo, ¡me había creído y me había defendido! Ese día sentí que mi palabra tenía voz.

16

Vivía contenta con mi tía y con mis primos, pero insistía en ver a mamá. Esperaba que me llamara, pero no lo hacía.

Muy pocas veces llamó. La esperé en mi primera comunión, en mi confirmación, cumpleaños, pero no llegó.

*

Tenía el cariño de mi abuela. Ella me invitaba a ver novelas y a tomar café.

Jugaba con mis primos al fútbol, íbamos al río.

Era buena estudiante. Mi tía me decía lo orgullosa que estaba de mí.

Yo cada vez que salía de clases y veía una niña salir corriendo donde su mamá, sentía una tristeza tan inmensa que opacaba el cariño que todos los demás me ofrecían.

Allá no mentía, era sincera, me daban cariño y yo no quería perderlo.

Le insistía mucho a mi tía, que quería ver a mamá. Así que muy triste me envió nuevamente a Cali, no sin antes llenarme de consejos.

En esta ciudad, vivían mis dos hermanas, Alina y Alicia, con su padre. Iban de vez en cuando a visitarme y llevaban películas para ver, como si nunca hubiera pasado nada entre él y yo.

Alina, la mayor y yo, hicimos todas las diligencias para viajar. Fuimos hasta Bogotá, hicimos exámenes físicos para nuevamente reencontrarnos con nuestra mamá.

Yo estaba llena de ilusión. Soñaba y me imaginaba que me recibiría con brazos abiertos, que me acariciaría, así, como en las telenovelas, con besos y un "te extraño".

Ya mamá tenía otra pareja en los Estados Unidos, Héctor, convivía con él y con sus dos hijos, Lucas y Gamaliel. Ellos eran de su anterior matrimonio con Gerardo.

*

Llegó el día tan esperado. Alina de 18 y yo de 13 años, llegamos al Aeropuerto y ella junto a Julio nos esperaba.

El recibimiento no fue como lo imaginé. Fue muy seco, así lo sentí.

Ella nos recogió en La Florida, pero vivía en Carolina del Norte. Ella condujo por varias horas con nosotras dos.

Alina y ella hablaban de muchas cosas. Mamá siempre contaba lo mal que había vivido su infancia y adolescencia.

Se había casado muy jovencita, con un hombre mucho mayor que ella.

Conviviendo con ella fui dando cuenta de lo mal que hablaba de mi padre. Ahora lo hacía con mis hermanos pequeños.

Les decía que el padre de ellos era una muy mala persona, que la había maltratado, que le había pegado a mujeres, incluso les decía que él había abusado de mí.

Comencé a darme cuenta de que algo no estaba bien con ella.

*

Con Alina, hermana mayor, teníamos un gran abismo. Ella no me hablaba, hablaba con mamá. Pero, también, discutían. Viene a mi memoria una ocasión, a mis trece años, mamá me ordenó que hiciera arroz. Yo me entretuve en algo y el arroz se me quemó.

Se puso tan furiosa que me pegó y comenzó a gritar.

Me dijo que me enviaría nuevamente para Colombia, pero esta vez para un internado porque ya nadie quería vivir conmigo.

En ese momento Alina salió en mi defensa diciéndole:

—Pero como así y ¿cuándo te vas a hacer cargo de ella? Vos sos la mamá de ella —continuó— no podés seguir dejándola.

Mamá le respondió diciéndole que ella no se metiera, que recordara que yo había metido a su papá preso, cuando dije que él había abusado de mí.

Inmediatamente mi hermana se encerró en el cuarto. Yo intenté hablarle, pero no me abrió la puerta, se veía que lo que le había dicho mamá le había dolido y yo ya no sabía ni cómo comportarme, ni qué decir.

*

Alina al poco tiempo decidió regresarse para Colombia con su papá. Era tan infeliz, pero yo seguía trabajando en la conquista del amor de mamá, era muy persistente sabía que, algún día, lo conseguiría.

Al marcharse mi hermana, la relación de mamá, conmigo, empeoró. Yo le escribía cartas de amor, intentaba mantener el apartamento limpio o arreglar la cocina, pero ella no veía nada de estas cosas, yo era invisible.

17

Al poco tiempo comencé a estudiar séptimo. Me sentía muy sola.

La verdad es que tampoco era buena para hacer amigas. Tenía baja autoestima, poco amor propio, siempre en busca de aprobación y de cariño.

Poco tiempo después al trasladarse mamá a otro apartamento tuve que retirarme del colegio y pasar a otro. Esto no era extraño para mí.

*

Hubo años escolares que ni siquiera completé. Simplemente me pasaban a otro curso porque ya tenía una edad para estar en quinto, por ejemplo, pero seguía repitiendo tercero. Esto pasaba por mi falta de estabilidad y también por la manera en que me enseñaba mamá.

Cuando estaba aprendiendo a leer, siempre lo recuerdo, me pegaba. Eso es muy común en la cultura latina. Se golpea a los niños cuando no obedecen o cuando se les dificulta el aprendizaje o al no saber hacer las cosas que nosotros, los adultos sí sabemos.

No se toman el tiempo para explicarles y ver a los niños como personas. Como seres que no es que no quieran hacer las cosas sino que muchas veces su capacidad de entender todavía requiere apoyo.

Para mamá era más fácil dejarse llevar por la frustración, que intentar entender que yo no era que no quisiera leer, lo que pasaba era que con cada repetición que salía de su boca, verla con la correa en mano y gritándome para que yo contestara, el miedo se apoderaba de mí y nublaba por completo cualquier conocimiento que en la escuela hubiera adquirido.

*

Me repetía, muchas veces, que era bruta y estúpida. Me comparaba constantemente con mis hermanas mayores. Me hacía preguntas de matemáticas, sumas fáciles quizás, pero lo hacía frente a mis hermanos pequeños y su esposo y yo pensaba la respuesta y sabía cuál era, pero respondía la que no era y era burla tras burla.

*

Comencé una nueva escuela terminando séptimo, allí conocí a Mía, desde entonces mi mejor amiga, ambas teníamos trece años.

Caminaba todos los días para la escuela y esa tarde por primera vez invité a Mía a mi casa y decidimos irnos por otro camino, solo tardé diez o quince minutos más de lo habitual y cuando llegué a la casa, abrí la puerta y mamá me recibió a cachetadas. Sentí mucha vergüenza con Mía.

Allí, ella, empezaría a conocer mi relación con mamá.

18

Yo recuerdo, desde muy pequeña, ver a mamá desnuda. También escuchándola tener relaciones sexuales con sus parejas, incluso un par de veces la vi con el papá de mis hermanos.

*

Este año, todo se triplicó desde que llegué a vivir con ella. Mis hermanos y yo la escuchábamos gritar. A veces amanecía con morados en su cuerpo y yo me asustaba, me preguntaba:

–¿Será que su esposo la golpea en las noches? –no entiendo.

Después mis hermanos y yo, comenzamos a ver películas de pornografía, que en el cuarto de mamá habían por todos los lados. A veces, mis hermanos y yo pedíamos el celular de ellos para jugar y tomar fotos. Veíamos fotos de mamá y Héctor teniendo sexo. Todo, en ese apartamento era sexo.

*

A mis trece años conocí a una chica que vivía muy cerca. Cuando mamá y su esposo estaban trabajando, venía a jugar con mis dos hermanos y conmigo.

Un día la chica me dijo:

–¡Oh, yo también he visto estas películas de sexo!

Ella era mucho menor que yo.

 Carolina Botero Correa

No recuerdo si fui yo o ella quien tuvo la idea de, entre nosotros, hacer lo mismo que veíamos en las películas. ¡Así lo hicimos!

*

Me quité la ropa, y mis hermanos las de ellos.

La chica también quedó desnuda. Imitábamos.

Yo recuerdo que me coloqué encima de mi hermano y ella de mi otro hermano.

Ellos decían que les gustaba el juego.

Después de un rato, uno de mis hermanos dijo:

–No me gusta esto –y fue ahí cuando algo hizo click en mí.

–Sí, mejor juguemos otra cosa –dije.

*

Al día siguiente fuimos todos a la piscina y volvimos a "jugar". Nuevamente estaba abusando de ellos, yo sentía que me sentía bien y ellos igualmente.

Esas fueron las únicas dos veces, no había adultos.

*

La culpa me consumió por varios años, hasta que un día me perdoné.

Tenía trece años, habían pasado más de dos décadas, pero cada vez que recordaba esa escena, me golpeaba la cabeza una y otra vez. Me repetía:

–Abusaste de ellos, les dañaste la vida, ahora nunca tendrán una relación sexual saludable, por tu culpa, así que cualquier cosa mala que te pasa te la mereces.

El cuerpo de un niño reacciona a cualquier estímulo externo. La función del cuerpo no es determinar si la persona con la que tienes intimidad es o no la indicada. Eso lo hace tu conciencia, tus valores, y era obvio que yo en ese momento de mi vida, no tenia ni lo uno ni lo otro.

Y sí que me pasaron cosas horribles ese año. Mi cuerpo tenía 13 años, pero yo no sabía lo que hacía.

No tenía idea del daño que causaba. Había visto tanta sexualidad a mis 13 años que pensaba que todo era normal.

Dos años después hablé con ambos. Les pedí perdón, pero más allá de que ellos realmente algún día lo hagan o no, yo tuve que hacer mi proceso de perdón propio.

*

Uno de los venenos que más me consumieron, lentamente, fue la culpa. No puedes exigirle a un adolecente que respete el cuerpo de sus hermanos, si nunca le has enseñado a respetar el propio.

Espero que mis hermanos, algún día, encuentren paz y por el bien de sus corazones, que me perdonen.

No porque yo lo merezca, sino porque ellos merecen vivir una vida libre y sana.

*

Las conversaciones que recuerdo tener con mamá eran sobre la importancia de hacer bien el sexo con tus parejas. Si no se lo haces bien, te dejarán, me decía.

     Carolina Botero Correa

Sus palabras retumban mis oídos, otra creencia que la hice mía y que sin saberlo, años después, me tendría pagando el precio de haberla creído.

Al siguiente año hice octavo, y allí fue cuando mamá comenzó a hacer comparaciones de sus nalgas con las mías. Me colocaba frente a su esposo de espalda y preguntaba:

–Papi yo tengo las nalgas más grandes que Corina ¿verdad?

Y se reían, y yo me reía con ellos, porque era un juego, al menos eso pensaba yo, pero después me di cuenta de que no era nada gracioso, cuando mi padrastro intentaba espiarme por la ventana mientras me bañaba o me agarraba por detrás jugando fútbol con mis hermanos y me manoseaba.

En ese entonces no le conté nada a mamá ¿para qué?

Seguramente lo que me hubiera dicho es que le estaba acabando con otro matrimonio o qué estaba haciendo yo para provocarlo. Así que, simplemente, lo evitaba todo el tiempo.

*

En ese momento entré en una depresión, tan, pero tan absurda, que mandaron a llamar amamá.

La principal de la escuela y la consejera estaban allí, mamá también y comenzó a abrazarme, en frente de ellas, como la mamá más cariñosa y yo comprando ese abrazo.

19

Ese mismo año conocí a mi primer esposo. Nos hicimos novios, me trataba muy bien.

Yo decía estar enamorada. Era cariñoso y yo lo quería.

En esta etapa comienzan los chantajes.

Mamá me dejaba salir si tenía comida hecha, cuidaba a mis hermanos. Mientras ella salía a trabajar o a hacer diligencias con su esposo la casa tenía que estar limpia al ellos regresar.

*

Cada vez que mamá se enojaba, se desahogaba conmigo y me decía:

—¡Castigada, castigada, castigada!

Las pocas veces que salí con mi novio y mis amigos, yo me la pasaba muy asustada porque ya me temía que al volver, mamá estuviera enojada, no podía llegar tarde, la verdad es que no lograba disfrutar tan anhelada salida.

*

Desde que él y yo comenzamos a salir, mi novio me decía que quería tener relaciones conmigo. Yo le decía que quería estar, por primera vez, con un hombre, cuando me casara con él. Quería que fuera algo muy especial, como en las novelas.

La mayoría de mis amigas o conocidas, para ese momento, ya habían estado con sus novios y hasta con sus exnovios. Así que algunas me decían que era muy tonta, otras que esperara, en fin. Un día llegué a casa y ella estaba con una supuesta amiga y le conté que llevaba todo el día con mucho picor, en mi parte íntima. Ella me llevó al médico.

Este me envió un medicamento y cuando llegamos a casa ella comenzó a golpearme y a decirme que yo era una puta, que me había acostado con mi novio.

Esto no era cierto pues yo no lo dejaba ni tocarme una pierna. Ella me gritaba, me decía que debía irme para Colombia, que ya no podía lidiar conmigo.

Llorando, arrodillada, suplicándole que me creyera le decía que no.

Pero no era tanto porque me fuera a enviar a Colombia, sino porque me importaba mucho lo que ella pensara sobre mí.

Entre gritos, me dijo mi amiga, que esa crema, que me enviaron, era para enfermedades venéreas –yo le contesté que no podía ser.

–Vamos a una farmacia –le dije. Se lo rogué hasta que cedió.

Entramos, y nunca olvidaré las palabras del señor de la farmacia cuando ella le preguntó:

–¿Verdad que esta crema es para enfermedades venéreas?

Todos los presentes nos miraban. Tenía tanta vergüenza y no porque hubiera hecho algo malo sino por estar allí con mi propia mamá.

El señor le dijo:

—Señora no sea tan ignorante, eso es una crema para hongos, a la mayoría de las mujeres les da.

Ella contestó:

—Pues qué raro, a mí nunca me ha dado nada de eso, ¡vámonos! —y salimos.

*

Cuando llegamos a casa me dijo que pusiera a hacer arroz y cuando dijo esto descansé. Ya ella no estaba brava conmigo.

*

Nunca hubo disculpas, ni un minuto de comprensión, eso fue todo.

Ese año me gané otro par de cachetadas porque le llegué tarde.

Cada vez que ella quería me decía:

—Hágame el favor y termine con su novio, llámelo y termínele —y yo lo llamaba, le terminaba y así nos la pasábamos.

Me decía:

—Ya sé que estás teniendo relaciones con tu novio. Pero el día que me dé cuenta te doy una pela —y yo seguía diciéndole que no, pero ella no me creía.

*

Ese mismo año ella se fue a hacerse una cirugía a Colombia. Pensaba llevarse a mis hermanos. Pero a mí no. Era un costo adicional.

Así que ella había conocido a una señora en la parada de un bus escolar, Michelle, y una semana después de conocerla le estaba pagando para dejarme en su casa y poder irse a Colombia.

Mamá me dijo:

—Dígale a su novio que la lleve y la traiga de la escuela y si puede vaya a la casa de él, para que no moleste a la señora, y ahí estaba yo durmiendo en una colchoneta en un cuarto desconocido con personas desconocidas.

Pero ser la nueva en una casa, nunca fue un inconveniente para mí. Yo me hacía donde me decían, comía lo que me decían, si tenía que hablar, hablaba, si tenía que callar, callaba; cuando tenía que obedecer, obedecía.

*

En ese diciembre, después de varios meses, mi novio me dijo:

—Ya estoy cansado de esperarte, si otras me dan, lo que usted no me da, no se queje.

Me senté a llorar, mi amiga me dijo:

—Es verdad, Corina

Yo tenía tanto miedo de perderlo, era la única persona que estaba pendiente de mí, que me daba cariño.

Entonces, esa misma noche antes de llegar a la casa de Michelle, donde me había dejado mamá, le dije:

–Está bien, hagámoslo.

Él se entusiasmó.

–No esperemos más, de una vez, –me dijo. Y yo respondí:

–Pero cómo así ¿de una vez? ¿Dónde?

–Aquí –dijo– y colocó el carro en un parqueadero, de unos apartamentos.

Me dijo:

–Hagámonos atrás y bájate el pantalón.

Se hizo encima de mí, supongo que lo hizo porque me dolió mucho.

Luego se vistió, yo también me vestí, y partimos.

*

Seguimos haciéndolo. Era como si nada, no le encontraba gracia, ni placer alguno, pero a él lo hacía feliz y si él estaba feliz, no me dejaría, eso era lo que pensaba.

20

MAMÁ REGRESÓ y todo volvió a la normalidad y confieso que muchas veces quise contarle que había tenido relaciones con mi novio, pero sentía tanto miedo que prefería no decir nada.

*

En febrero fue mi cumpleaños, cumpliría quince años. Así que ella dijo que me organizaría una fiesta, me compró un traje rosado hermoso, me organizó la fiesta en la casa.

Estaba feliz, me dijo que invitara a pocos amigos porque era algo pequeño, así que invité a mi mejor amiga, con su novio, a mi novio y creo que unos seis amigos. Los demás eran amigos de ella y de su esposo.

*

Bailé el vals con mi novio, de resto tuve que bailar con todos los amigos del esposo de mamá.

Cuando me quejé de esto, me dijo:

—Si no bailas con ellos saco a todos tus amigos de la fiesta y se acaba todo.

Así que bailé con ellos y mis amigos y mi novio, molestos, se fueron.

No fueron unos quince muy agradables, la verdad. Pero en esos quince me acompañaba alguien más sin yo saberlo. En mi vientre llevaba una criatura a la que en nueve meses di a luz.

Ella... es la maravilla en vida. La luz de mis ojos. Nació solo para darle una transfusión de amor a mis venas.

Sueña en grande, siempre deja en claro sus ideales.

Ella jura que yo le enseño todo de la vida, si supiera que todo lo que sé, lo aprendí de ella; y que si no conozco del miedo es porque su sonrisa me deja claro que no estoy sola, eres grande... tus ojos no mienten Inés.

*

Amigos, la vida está llena de momentos hermosos, algunos violentos y otros injustos. No les puedo decir que gracias a mamá soy hoy en día una madre amorosa, porque no fue gracias a ella.

En mi corazón siempre estuvo el anhelo de vivir diferente llámenlo, Dios, Universo, Energía gracias a que sané tantas heridas, reconocí traumas, aprendí a soltar tantas creencias y a amarme a mí misma.

Mi proceso no ha sido nada fácil, he tenido que despellejarme, verme desnuda, emocionalmente, para darme cuenta de que yo era mucho más que abuso, más que golpes, más que carencia.

Yo hoy te cuento parte de mi historia y cierro este capítulo.

Tú y yo merecemos ser felices, pero a menos que amemos nuestras sombras no seremos felices realmente.

*

Mamá no eran traumas estúpidos, te perdoné, ya hace muchos años y si hoy en día no tenemos una relación no es por resentimiento sino porque a tu lado no sé sentirme segura.

Mamá algún día fue una niña inocente en busca de amor y tiene una historia y, seguramente, en la suya hubo mucho dolor, aprendió a herir por donde fue herida.

Jamás justificaré sus acciones y su abuso hacia mí, pero hoy en día entiendo que ella no está bien.

Que cada palabra, mirada, abuso fueron causados por su dolor. No se puede dar algo que no se tiene. No es que ella no me amara es que no sabía cómo hacerlo.

No me dio abrazos, ni besos porque yo era su espejo de lo que algún día ella fue.

Perdonar no es aguantar, no es aceptar migajas de cariño, perdonar no es callar, perdonar no significa que tengas que bajar la mirada.

Ser parte de tu familia no quiere decir que estás obligada a quedarte, cuando tu cuerpo te pide a gritos que te alejes de ellos porque no saben cómo amarte.

*

Hay tantos paradigmas, creencias infundadas, muchos traumas y heridas no sanadas...cargo un par de cicatrices, de heridas con matices y cuando no les doy atención me impiden darle amor a mi familia y ser muy felices.

Nunca dejaré de ser parte de mi familia, pero yo hoy elijo respirar otro aire. Todos tenemos ese derecho de hacer cambios de sentirnos plenos, tu infancia no tiene por qué ser el timón de tu vida por siempre.

No compares tus batallas, mejor abrázate y date el amor que tanto tu corazón anhela.

Niños y niñas, no es normal que nos toquen, no es normal callar.

Tú eres la única dueña de tu cuerpo, pero si nos violentan algo que nunca podrán robarte es tu resiliencia.

He sido transparente con ustedes, porque cada verdad que sale de mi corazón sana mi cuerpo, mi alma mis recuerdos.

Por tantos años escuché que mis grandes dolores solo eran traumas estúpidos, que el solo hablar de ellos me hacía sentir estúpida.

Mamá decía que yo pretendía hacerme la víctima, que eso que había vivido era normal y tenía que dejarlo atrás, tragar, hondo respirar y sonreír porque hablar de mis sombras era vergonzoso.

Me tomó años reconocer que ser tierna no es debilidad y aceptar que sí había sido víctima y que tengo que vivir con mis heridas, mis cicatrices, de por vida, pero ya estas heridas, traumas, creencias no controlan mi vida como lo hicieron algún día.

Abusaron de mí y yo abusé, fui víctima de abuso y también victimaria.

Espero no te tome tantos años descubrirte.

Es verdad que cada uno tiene un proceso distinto, pero nuestras heridas siempre están listas para ser amadas, abrazadas y aceptadas.

Deseo que este libro llegue a los rincones del mundo para que así quien lo lea entienda que no está sola y que todo lo que viviste o vives no es normal, es común.

 Carolina Botero Correa

La llegada, como epílogo

Un zarandeo, una sacudida, un agite me avisó que el Boeing siete-tres-siete, vuelo 224, estaba aterrizando en la ciudad de Columbus.

Nuevamente la voz del capitán y la sensación de poder estar con los pies en tierra.

Miré a mi alrededor, mi pareja, mi hija, los pasajeros y tú, me habían acompañado en este viaje de turbulencias y recuerdos que, ahora son tuyos.

*

La mujer, viajera de recuerdos, tomó su maleta, le dio la mano a su hija y empezó a caminar rápidamente hacia un aviso luminoso donde se lee: EXIT.

*

Yo me quedé mirándola, con mi maleta llena de historias y de recuerdos.

Fin

Este libro se terminó de imprimir
en Poemia su Casa Editorial,
Santiago de Cali, Colombia, en
septiembre de 2020.